Als Gott das Pferd erschaffen hatte,
sprach er zu dem prächtigen Tier:
Dich hab ich gemacht ohnegleichen.
Alle Schätze der Erde liegen zwischen Deinen Augen,
Du wirst meine Feinde werfen unter Deine Hufe,
meine Freunde aber tragen auf Deinem Rücken.
Dieser soll der Sitz sein,
von dem Gebete zu mir aufsteigen.
Auf der ganzen Erde sollst Du glücklich sein
und vorgezogen werden allen übrigen Geschöpfen.

(aus dem Koran)

Fritz Knippenberg

Da ist
gut Pferd sein

Marbach und seine Pferde

Auswahl und Zusammenstellung
Landoberstallmeister
Dr. Wolfgang Cranz

Limpert

Der Gestütshof Marbach auf der Schwäbischen Alb. Durch seine Höhenlage von fast 700 Metern ist es die höchstgelegene staatliche Pferdezuchtstätte und das einzige Haupt- und Landgestüt der Bundesrepublik, immer wieder Ziel vieler Touristen aus aller Welt und der Wanderer auf den Höhen der Schwäbischen Alb. Seine Entstehung geht auf Herzog Ludwig von Württemberg zurück, der im Jahre 1573 in Marbach ein Hofgestüt gründete zum „Gestellen von Pferden" für den herzoglichen Hof in Stuttgart. Damit ist es auch das älteste Gestüt Deutschlands, das im Jahre 1973 sein 400jähriges Jubiläum feierte. Durch die in allen Jahrhunderten immer wieder auftretenden Kriegswirren wurden in Marbach viele Pferderassen und -typen gezüchtet, die einst vorwiegend den Bauern und Soldaten zu dienen hatten.

Das Eingangstor ist flankiert vom Verwaltungsgebäude und dem 1840 erbauten Hengststall mit dem Glockenturm. –

Die Zucht des eigentlichen Württemberger Warmblutpferdes begann um die Mitte des 19. Jahrhunderts. Damals brauchte man ein kräftiges, hartes und ruhiges Bauernpferd, dem der Boden und das rauhe Klima der Gegend genügten. So wurde das ehemalige Hofgestüt zum württembergischen Landgestüt, in dem heute, wie in allen deutschen Zuchtgebieten, das moderne deutsche Reitpferd gezüchtet wird.

Der Stutenbrunnen im Innenhof. Er stammt aus dem Jahre 1844 und ist das Wahrzeichen des Gestüts. Das Land Baden-Württemberg hält die für die Landespferdezucht notwendige Anzahl an Zuchthengsten und stellt sie den Pferdezüchtern im Lande zur Verfügung. Nachdem die Landwirtschaft keine Arbeitspferde mehr braucht, ist das heutige Zuchtziel ein modernes Reitpferd für den Sport und die große Freizeitbewegung, in der das Pferd heute eine wichtige Bedeutung hat.

Zwischen alten hohen Bäumen der Hauptbeschälerstall, in dem die wertvollsten Zuchthengste des Gestüts stehen.

Von den rund 90 Hengsten des Landgestüts, die jährlich als sogenannte Landbeschäler auf die 35 Deckstationen im Lande geschickt werden, um dort die Stuten der Züchter zu decken, bleiben nur ein paar als Hauptbeschäler im Gestüt. Ihre Aufgabe ist es, die gestütseigenen Stuten des Hauptgestüts zu decken.

Es gibt in Deutschland wohl keine Pferdezuchtstätte, die so harmonisch in die Landschaft eingebettet ist und deren Reiz zu allen Jahreszeiten immer wieder Besucher anlockt. Marbach ist ein Pferdeparadies von besonderer Schönheit. In märchenhafter Abgeschlossenheit stehen seine alten wuchtigen Gebäude, die seit Jahrhunderten viele Pferdegenerationen kommen und gehen sahen.

„Kerner", Landbeschäler im Zuchtgebiet Baden-Württemberg und ein Produkt der modernen Umzüchtung vom ehemaligen Arbeits- auf ein modernes Reitpferd.

Der 1972 geborene Hengst verkörpert den Typ des heute gezüchteten „Deutschen Reitpferdes" aus dem Zuchtgebiet Baden-Württemberg. Sein Vater „Kastor" stammt aus der deutschen Trakehnerzucht, seine Mutter, eine Hauptgestütsstute, führt arabisches Vollblut.

Warmblutstuten-Herde mit Fohlen auf einer der hochgelegenen, von Laub- und Nadelwäldern umrahmten Weiden des Hauptgestütes. Im Hintergrund das in der Nähe gelegene Schloß Grafeneck, ein früheres Jagdschloß der Herzöge von Württemberg.

Der in der Nähe der Stallungen gelegene, im Schweizer Stil erbaute Futterspeicher stammt aus dem Jahre 1889.

Die ersten Wochen und Monate verbringen die Fohlen im Gestütshof Marbach, bevor sie, selbständiger geworden, zur weiteren Aufzucht auf die anderen Gestütshöfe des Haupt- und Landgestüts gebracht werden.

Etwa fünf Monate bleiben Mutterstute und Fohlen zusammen. Täglich gehen sie auf die satten Weiden. Aber auch bei Wind und Wetter brauchen sie Bewegung. Dazu dient der im Hintergrund stehende überdachte Pferde-Rundlauf.

Eine Landschaft für Pferde mit Höhen, Wäldern und Weiden, wie man sie selten findet.

Durch die Jahrhunderte hindurch war die Bedeutung des Pferdes für Landwirtschaft, Handel, Gewerbe und Militär unumstritten. Dabei kamen den Land- und Hofgestüten durch die Gestellung der Hengste und damit dem nachhaltigen Einfluß auf die Zuchtrichtung ganz besondere Bedeutung zu. Eine florierende Pferdezucht war für die jeweiligen Gebiete ein wichtiger politischer und wirtschaftlicher Faktor. Wenn sich auch die Verwendung der Pferde und damit auch die Zuchtziele in den letzten 20 Jahren deutlich gewandelt haben, fällt den Landgestüten wie eh und je die entscheidende Verantwortung in der Ausrichtung des Zuchtzieles und damit für die Landespferdezucht zu.

Während 1960 im Bundesgebiet noch 710208 Pferde gehalten wurden, sank die Zahl der Pferde 1970 auf nur noch 252527. 1977 stieg die Zahl der Pferde wieder auf 371172. Ähnlich ist die Entwicklung in Baden-Württemberg: 1960 wurden 88732 Pferde gezählt, 1970 waren es nur noch rund 29000. 1977 stieg die Zahl der Pferde schon wieder auf 43404. Über 80% dieser Pferde stehen auch heute noch in landwirtschaftlichen Betrieben, allerdings handelt es sich hierbei beinahe ausschließlich um Reitpferde und nicht mehr um landwirtschaftlich genutzte Arbeitspferde. In diesen Fällen vermieten Landwirte Stallraum und verkaufen Futter, um durch die Pensionspferdehaltung zusätzliche Einnahmen zu erhalten. In Baden-Württemberg wurden 1960 noch 12500 Mitglieder in den Reit- und Fahrvereinen gezählt, 1977 betrug diese Zahl rund 51000. Darüber hinaus üben noch viele den Reitsport aus, ohne Mitglied eines Reitvereins zu sein. Im Bundesgebiet verlief die Entwicklung ähnlich; 1977 wurden rund 387000 Mitglieder in den Reit- und Fahrvereinen gezählt. Aus diesen Zahlen wird deutlich, daß sich das Zuchtziel in der Pferdezucht, abgesehen von einigen Spezialrassen, ausschließlich auf die Erzeugung von Reitpferden auszurichten hat. Hierbei kommt in Baden-Württemberg dem Haupt- und Landgestüt Marbach mit seiner Stutenherde, aus der die Hengste für die Landespferdezucht erzüchtet werden, und seinem Hengstbestand besondere Bedeutung zu.

Pferdegemäße, gesunde Aufzucht der Hengste und Stuten in den umfangreichen Herden und Leistungsprüfungen auf Reiteignung der Hengste und Stuten sind hierbei wichtige Hilfsmittel.

Eine besondere Kostbarkeit und ein Anziehungspunkt für Besucher aus aller Welt ist die Marbacher Vollblutaraberzucht. Einige Hengste, etwa 20 Stuten und rund 40 Fohlen dieser hochedlen und liebenswerten Pferderasse stehen in Marbach und den Aufzuchtstationen. Seit 1932 führt das Haupt- und Landgestüt Marbach mit den alten und bewährten Stutenstämmen die Tradition des 1817 von König Wilhelm I. von Württemberg gegründeten Vollblutarabergestüts Weil erfolgreich fort. Marbacher Vollblutaraber sind heute in aller Welt begehrt und hoch geschätzt.

Das Haupt- und Landgestüt Marbach, dem das Land Baden-Württemberg seine besondere Förderung zukommen läßt, hält ganz bewußt seine Tore für alle Besucher offen, um hierdurch weiten Bevölkerungskreisen zu ermöglichen, sich an den Pferden in der reizvollen Landschaft der Schwäbischen Alb zu erfreuen. Fachleuten, Züchtern, Reitern und Fahrern ist die Möglichkeit gegeben, sich über alle Fragen der Pferdezucht und -haltung zu informieren. Neben den auf den neuzeitlichen Erkenntnissen der Tierzucht beruhenden Zuchtplänen fühlt sich Marbach verpflichtet, vielen Freunden des Pferdes das Kulturgut Pferd nahezubringen und zu erhalten (W. Cranz).

Über 80 Warmblut-Hengste, einige Vollblüter und acht bis zehn Kaltblut-Hengste gehören zum Bestand des Haupt- und Landgestüts. Jeweils drei bis vier haben ihren Stammplatz als sogenannte Hauptbeschäler im Gestüt. Die anderen gehen vom Februar bis Juni auf die Deckstationen des Landes.

Der im Jahre 1966 geborene Trakehner-Hengst „Kornett" wirkte als einer der Hauptbeschäler im Gestütshof Marbach. Bei seinen Ahnen ist sowohl englisches wie auch arabisches Vollblut vorhanden.

Der 1972 geborene „Kumpel" verkörpert als großrahmiger Zuchthengst das „Deutsche Reitpferd". Durch seinen Vater, den Trakehner-Hengst „Kastor", wurde er zum typischen veredelten Württemberger.

Kgl. Landgestüt Marbach.

Hengst-Register.

Für jeden Zuchthengst wird seit altersher im Hengstregister der Stammbaum geführt. Schon um die Jahrhundertwende gehörte aber auch zum Stammbaum des Hengstes eine Fotografie.

Der Hengst „Chlodwig" entsprach als Typ dem Zuchtziel der damaligen Zeit. Im Stammbaum aufgeführt werden heute wie damals die Ahnen, die Zahl der jährlich gedeckten Stuten und der Werdegang bis zum Verkauf oder Tod des Hengstes.

Vor der Kulisse des im Jahre 1840 erbauten sogenannten Engländer-Stalles sammeln sich die Junghengste zur Morgenarbeit.

Trakehner-Hengst „Pregel"

Der in den letzten Jahren besonders bewährte Reitpferde-Vererber ist gefragter Hauptbeschäler des Gestüts. Pregel gehört zu den bedeutendsten Trakehner-Hengsten nach dem Zweiten Weltkrieg. Seine zahlreichen, in Zucht und Sport erfolgreichen Nachkommen machen den 1957 geborenen Hengst, in dessen Adern arabisches sowie englisches Vollblut fließt, zum Nachfolger des Trakehner-Hengstes „Julmond", mit dessen Hilfe die Pferdezucht in Baden-Württemberg zum Typ des modernen Reitpferdes hin entwickelt wurde. 1976 und 1977 erzielten seine Nachkommen im Turniersport eine Gewinnsumme von rund 36 000,— DM.

Moderner Württemberger Warmblüter („Kerner") mit ausdrucksvollem Kopf und klarem Auge. Am Gesicht des Pferdes kann der Fachmann einen Teil der Eigenschaften erkennen.

Modell des modernen Trakehner-Zuchthengstes („Pregel") mit ausdrucksvollem Kopf, gut geschwungenem Hals, ausgeprägtem Widerrist mit guter Sattellage und klaren, deutlich markierten (trockenen) Beinen (Fundament). Der 1958 geborene Hengst gilt wohl als der bedeutendste Reitpferdevererber der Trakehnerzucht wie auch der baden-württembergischen Landespferdezucht während der letzten Jahrzehnte.

Im Hintergrund das 1602 erbaute ehemalige Stutenhaus, heute Sitz der Gestütsverwaltung und Wohnung des Landoberstallmeisters.

Der Fuchshengst „Perfekt", geboren 1962, dessen Vater „Poet" (xx) auch in der hannoverschen Pferdezucht große Bedeutung hatte, gehört zu der kleinen Hengstgruppe der Hauptbeschäler in Marbach. Mütterlicherseits kommt er aus der gleichen Linie wie „Pregel".

Etwa 4 km von Marbach entfernt, eingebettet in das Tal der Lauter, liegt der zum Haupt- und Landgestüt gehörende Gestütshof Offenhausen. Als Kloster im Jahre 1161 von Dominikanerinnen gegründet, hieß es ursprünglich Maria Gnadenzell. Nach der Reformation wurde das Kloster aufgelöst und im Jahre 1575 in den Gebäuden ein Fohlenhof errichtet.

Ein Teil der Gebäude des heutigen Gestütshofes Offenhausen stammt aus dem Mittelalter und ist von der noch gut erhaltenen Klostermauer umgeben. In der Mitte des Hofes steht die um 1161 erbaute frühgotische und ehemals turmlose Klosterkirche. Der kleine Glockenturm wurde erst später aufgesetzt. Das Gebäude dient heute dem Gestüt als Lagerraum. Ein Wohngebäude für Verwalter und ein Hauptstall bilden die Westseite des Hofes.

Der Gestütshof Offenhausen ist Standort von 56 Landbeschälern. Ihm angeschlossen ist die Aufzuchtstation Hau für die Hengstfohlen.

Aber nicht nur Pferde laufen über den Gestütshof hinter ehemaligen Klostermauern. Außer der Pferdezucht im Haupt- und Landgestüt Marbach, die natürlich den Vorrang hat, wird auch die Zucht aller sonstigen für die Landwirtschaft bedeutenden Tierrassen betrieben. So ist im Gestütshof Offenhausen die Prüfanstalt für Fleischleistung: künftige Zuchtbullen werden hier gehalten und getestet, um die Fleischerzeugung nach Menge und Qualität beim Rind zu steigern.

Im Gestütshof Offenhausen ist auch, umrahmt von der alten Klostermauer, der Ursprung der Lauter zu finden, die dem Tal auf der Höhe der Schwäbischen Alb ein besonderes Gepräge gibt. Im klaren Quelltopf spiegeln sich die Schatten alter Bäume.

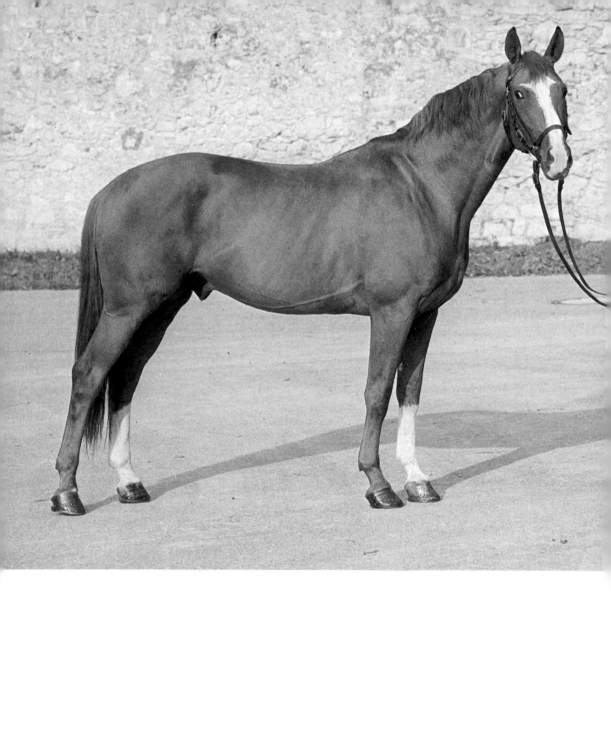

Vor dem Gemäuer der alten Offenhausener Stallungen zwei gelungene Zuchtprodukte: Einer der hier untergebrachten Landbeschäler und einer der staatsprämiierten Zuchtbullen.

Das Bild eines wandernden Schäfers mit seiner Herde ist auf den Höhen um Marbach nicht selten. Ihre Bedeutung hat die Schafzucht vor allem als Faktor der Landschaftspflege. So ist die Landschaft der Schwäbischen Alb, wie sie sich heute mit ihren Weiden- und Wacholderbüschen darstellt, entscheidend durch das Schaf geprägt worden.

Zum Gestütshof Offenhausen gehören die Stallungen und Weideflächen des sogenannten „Hau". Fast 700 Meter hoch gelegen ist diese Aufzuchtstation für Junghengste.
Hier tummeln sich, nach Jahrgängen getrennt, über 100 Hengstfohlen. In Herden
wachsen sie auf und erziehen sich dabei gegenseitig.

Kinder wollen springen und laufen. Junge Hengste nicht anders. In vollem Galopp geht es oft mehrmals am Tage über die großen Weiden. Dabei werden Herz und Lunge gestärkt und Muskeln gebildet.

Müde vom Herumtollen beim täglichen Weidegang: Am Abend geht es in die großen, luftigen und hellen Laufställe.

Nur zum Putzen und Füttern stehen die jungen Hengste angebunden in langen Reihen an ihren Futtertrögen. Bestes und an Nährstoffen reiches Futter dient ihrem Wachstum. Sorgfältige Pflege durch ausgesuchtes Personal gewöhnt sie frühzeitig an die menschliche Hand.

Zwei Freunde aus verschiedenen Rassen. Ein Warmblutfohlen und ein Fohlen aus der kleinen Schwarzwälder Kaltblutzucht. Gemeinsam wachsen sie auf. Tierkameradschaften werden gebildet.

Linke Seite:
In Gruppen vereint unter alten Bäumen auf dem Weidegang. Ein typisches Marbacher Bild.

Der Stärkste und Intelligenteste unter ihnen wird nach vielen Raufereien zum Leithengst erkoren und führt die Herde an.

Das Vorwerk Güterstein liegt am Fuße der Schwäbischen Alb in der Nähe der Stadt Urach. Es gehört mit zum Gestütshof St. Johann. Ursprünglich war Güterstein ein Zisterzienserkloster und diente zeitweise als Grabstätte des württembergischen Herzogshauses. Im 15. Jahrhundert wurde es in eine Kartause für Klosterbrüder umgewandelt. Heute ist in Güterstein ein Teil der ein- und zweijährigen Junghengste untergebracht.

Das älteste Gebäude im mittelalterlich anmutenden Hof des ehemaligen Klosters Güterstein ist ein altes Fachwerkhaus.

Rechte Seite:
In einem Seitental der Erms liegen die Gütersteiner Weiden, eingerahmt von herrlichen Laubwäldern.

Junghengste stellen auf ihre Weise die Rangordnung her. Manchmal sind es heftige und faszinierende Kämpfe um den Machtanspruch in einer Herde.

Von den ca. 900 aus den eingetragenen Stuten im Lande geborenen Hengstfohlen eines Jahrganges werden ca. 60 Hauptvererber in der Herde des Gestüts aufgezogen. Zweieinhalb Jahre verbleiben die Junghengste in der Herde. Danach erfolgt eine Musterung, die sogenannte Körung. Den ausgewählten Hengsten wird durch die Körkommission aufgrund ihres Körperbaues (Exterieur), ihrer Abstammung und des Gangvermögens die Zuchttauglichkeit bescheinigt. Nur jeder vierte Hengst aus der Herde erreicht das Ziel, nämlich das „Beschälerpatent".

Einst war dies ein wohlvertrautes Bild: Schwarzwälder Kaltblutpferde vor dem Pflug oder dem Wagen. Heute gibt es noch eine kleine Anzahl von Pferden dieser Rasse. Man nennt diese leichten Kaltblüter auch St. Märgener Füchse, die von den Schwarzwaldbauern vor allem auch in der Waldarbeit verwendet werden. Während der letzten Jahre haben die hübschen Füchse wieder an Bedeutung gewonnen.

Die Erhaltung dieser Kaltblutrasse mit dem vollen hellen Langhaar ist dem Land Baden-Württemberg ein Anliegen. Einige dieser seltenen Exemplare von Hengsten, die trotz ihres behäbigen Aussehens viel Temperament haben, stehen auf den Gestütshöfen Offenhausen und St. Johann. Auch sie gehen noch im Frühjahr auf die Deckstationen des südlichen Schwarzwaldes.

Der Typ des ehemaligen württembergischen Warmblutpferdes und Zuchtmodell bis Ende der 50er Jahre war der Hengst „Freisohn". Man nannte diese etwas gedrungenen, kräftigen, muskulösen Pferde „Herr und Bauer". Sie fanden zwar in der Landwirtschaft Verwendung, sollten aber auch der Landjugend die Freude am Reitsport vermitteln.

Der Hengst „Kalman" ist das typische Produkt der heutigen baden-württembergischen Pferdezucht. Ein Reitpferd für jedermann: Großrahmig, langlinig mit deutlichem Widerrist und langem Rücken, für den Sport und für die Freizeit im Sattel, die heute so gefragt ist. Das Brandzeichen der württembergischen Warmblutpferde ist die Hirschstange. Die Pferde des Hauptgestüts tragen den Brand auf dem rechten Hinterschenkel, während die der Landespferdezucht auf dem linken Hinterschenkel gebrannt werden.

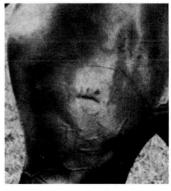

Einen bleibenden Ruhm hat sich bei der Zuchtveränderung zum heute gewünschten Reitpferd der Trakehner-Hengst „Julmond" erworben. Der 1938 geborene Hengst führte im Winter 1945 als Leitpferd den Treck der aus dem ostpreußischen Landgestüt Georgenburg geretteten Pferde an. Bereits 20jährig bezog er 1960 eine Hauptbeschälerboxe in Marbach. Auch brachte er einige seiner Hengstfohlen damals

mit. In wenigen Jahren hat der Hengst 140 Nachkommen im besten Typ hinterlassen. 22 Söhne von ihm wurden gekört und 20 seiner Töchter in die Stammstutenherde eingereiht, die den Grundstock bildete für die moderne baden-württembergische Reitpferdezucht. Das edle, harte ostpreußische Pferd hatte so auch auf der rauhen Alb eine neue Heimat gefunden.

Im Jahre 1965 ist „Julmond" 27jährig einem Herzschlag erlegen und liegt am Rande der Weiden des wohl schönsten deutschen Gestütes begraben.

Der Fuchshengst „Ikarus", 1958 geboren, kam als Fohlen mit seinem Vater „Julmond" nach Marbach. Auch er zeichnete sich als bester Vererber in der Zucht aus.

Wenn die besonders ausgewählten jungen Hengste ein Alter von zweieinhalb bis drei Jahren erreicht haben, beginnt für sie der Ernst des Lebens. Von den schönen Weiden, auf denen sie ihre Kindheit und Jugendzeit verbracht haben, kommen sie in Einzelboxen. Zum ersten Male wird ihnen vorsichtig ein Sattel aufgelegt und ein Zaumzeug eingeschnallt. Auf dem Gestütshof Marbach durchlaufen sie dann als Hengstanwärter eine strenge Ausbildungszeit. Zuerst werden sie an die Reithilfen gewöhnt, die ihnen die Bereiter geben, sie werden angeritten. Im Fortgang der Ausbildung werden sie im Dressurreiten, im Springen und auf einer Geländestrecke auf ihre große Prüfung vorbereitet, die sie im Alter von dreieinhalb Jahren ablegen.

Für die Reitausbildung unter Dach bekam Marbach als Geschenk zur 400-Jahr-Feier im Jahre 1973 eine neue große Reithalle. Damit ging ein langgehegter Wunsch in Erfüllung. In der modernen geräumigen Halle, die eine Reitfläche von 20 × 60 m aufweist, können alle Ausbildungsphasen in der Dressur und im Springen durchgeführt werden. Bei Veranstaltungen, wie z. B. der alljährlichen Reitpferdeauktion, finden über 3000 Zuschauer Platz.

Aber auch die alte kleine Reithalle dient noch Reitern und Pferden zur Ausbildung. Sie ist wohl eine der ältesten Reithallen in Deutschland und, aus Muschelkalk und Tuffstein gebaut, typisch für die Bauweise auf der Schwäbischen Alb. Einstmals stand sie im früheren Klosterhof Güterstein. In den Jahren 1854–1860 wurde sie abgerissen und im Gestütshof Marbach wieder aufgebaut. Sie mißt 110 × 60 württembergische Fuß, das sind 31 × 17 Meter.

Aber nicht nur Pferde werden in Marbach ausgebildet. Ursprünglich als Ausbildungszentrum für die Jugend aus bäuerlichen Pferdezuchtbetrieben gedacht, hat sich eine Reit- und Fahrschule zu einem weithin bekannten Reitschul- und Ausbildungszentrum entwickelt. In einem modernen Reitschulheim werden die Reitschüler untergebracht und in Lehrgängen von drei oder vier Wochen im Reiten und Fahren mit Gespannen sowie in der praktischen Pferdepflege und -haltung unterrichtet. Die Kurse schließen mit einer Prüfung ab, und bei entsprechenden Leistungen kann auch das Reit- oder Fahrabzeichen erworben werden. Nahezu 10 000 Kursteilnehmer lernten bisher reiten oder vertieften ihr Können und Wissen und fanden das Glück dieser Erde auf dem Rükken der Pferde.

„Du sollst nur edle Pferde reiten.
Wähle Dein Pferd wie einen Freund,
denn Du sollst es lieben.
Und wie Du Deinen Freund nur unter den Vornehmsten
und Besten wählen wirst,
so wähle Dein Pferd."
Binding

Hengste im Viererzug. Alle Hengste des Gestüts werden geritten und gefahren. Das zeugt von ihrer Vielseitigkeit.

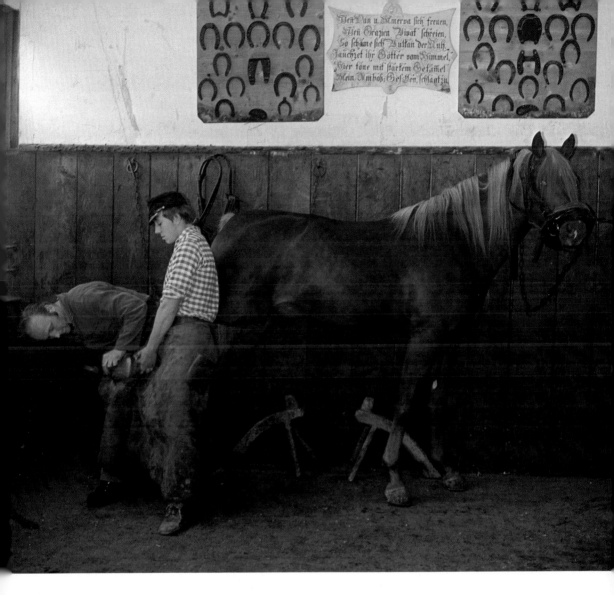

Die gestütseigene Hufschmiede sorgt für den guten Beschlag, denn nur gut beschlagen vermag ein Pferd auch korrekt zu gehen.

Junghengste am Tage ihrer großen Prüfung, der Hengstleistungsprüfung. Von dieser Prüfung über Stock und Stein hängt ihr weiterer Verwendungszweck ab. – 4 km lang ist die Galoppierstrecke, mit zwölf Hindernissen bestückt.

Eine Richterkommission beurteilt, wie die jungen Hengste unter dem Reiter gehen und in welcher Manier sie ein Hindernis überwinden. Wenn dann Körperbau, Charakter, ihre Zuverlässigkeit, Ausdauer, Herz- und Lungentätigkeit, die Futterverwertung und noch vieles mehr keine Beanstandung finden, sind sie die Auslese dieser Prüfung und erhalten, wenn man so sagen will, das Prädikat eines Zuchthengstes. Dann sind sie Landbeschäler und die allerbesten unter ihnen Hauptbeschäler.

Die Arbeit der Ausbildung, das Anreiten, das Einfahren, das Entwickeln der natürlichen Dressur- oder Springbegabung sowie die Vorbereitung für die jährlich stattfindende Leistungsprüfung ist die Aufgabe des Gestütspersonals. Ein Beruf, der in erster Linie Liebe zum Pferd, sportliche Gewandtheit, Mut und große Einsatzbereitschaft erfordert.

Zum Ersten, zum Zweiten, zum Dritten! – Die immer anfangs des Jahres stattfindende Auktion junger Reit- und Zuchtpferde lockt Züchter und Pferdefreunde von weither nach Marbach. Wallache und Stuten aus eigener Aufzucht werden zum Kauf angeboten und finden ihre Lebensaufgabe im Sport und in der Freizeitgestaltung mit dem Menschen.

An drei Tagen im Herbst ist der Gestütshof Marbach Schauplatz der großen Hengstschau. An die 15 000 Zuschauer täglich erleben dabei vor der Kulisse herbstlich bunter Wälder die Schaubilder des baden-württembergischen Haupt- und Landgestüts. Wochenlang werden Pferde, Reiter und Fahrer für diese große hippologische Demonstration vorbereitet.

Fachkundige machen sich dabei ein Bild über den Ausbildungsstand und das Leistungsvermögen der Hengste. Pferdefreunde erleben immer wieder die Schönheit der Pferde in der Vielfalt der Schaubilder. Diese Hengstschauen tragen dazu bei, die Pferdezucht einem breiten Besucherkreis zu präsentieren, um somit eine Brücke zu schlagen zwischen Pferdezucht und Pferdesport.

Stolz geht der Aktionstraber „Armin" mit schwungvollen Tritten neben dem unter dem Reiter galoppierenden Hengst.

Vorherige Seite:
Hengste vor dem Tandem. Eine typisch englische Anspannungsart. Wenn man früher zur Jagd fuhr, sollte das Jagdpferd nicht hinter dem Wagen angebunden sein. Man spannte es mit losen Strängen vor das Wagenpferd.

Ungarischer Fünferzug vor dem Jagdwagen. In Ungarn fährt man in der sogenannten Juckeranspannung. Das traditionelle Gespann ist der Fünferzug. Den Lederschmuck an den Geschirren und Kopfzeugen, als Fliegenschutz gedacht, nennt man Schalanken.

Den Abschluß jeder Hengstschau bildet die große Hengstquadrille, in der bis zu 20 Hengste in allen Gangarten figurenreiche Bilder zeigen.

Das Haupt- und Landgestüt Marbach ist das einzige staatliche Gestüt in der Bundesrepublik, das eine eigene Stammstutenherde besitzt und somit Mutterstuten und Fohlen in seinen Stallungen und auf seinen Weiden hält. Jede Stute bringt jährlich ein Fohlen, während die Hengste in der Deckzeit, in der sie auf den Beschälplatten des Landes stehen, 40- bis 50mal Vater werden. Der züchterische Grundstock des Gestüts und der Jungbrunnen neuer Pferdegenerationen aber ist die eigene Stutenherde. In den letzten 25 Jahren hat diese Stutenherde bei der Umzüchtung vom früheren Arbeitspferd zum modernen Reitpferd eine ausschlaggebende Rolle gespielt.

Typisch für die großen Marbacher Weiden sind die Hirtenhäuschen, in denen die Pfleger wohnen, die die Herde beaufsichtigen.

In großen Laufställen und auf den Weiden bleiben Stuten und Fohlen etwa fünf Monate zusammen.

Vor dem überdachten Rundlauf für regnerische Tage eine Stutenherde mit Fohlen.

Damit das Fohlen in Ruhe saugen kann, unterbricht die Stute für eine Weile ihren Weidegang.

Das Fohlen ist vom Saugen der Muttermilch satt und müde. Jetzt hat die Mutter Zeit, es sich schmecken zu lassen.

Drei Monate sind sie alt und immer noch zum Spielen aufgelegt.

Die Tragezeit einer Stute beträgt elf Monate. In der Zucht bevorzugt man als Abfohlzeit das Frühjahr, damit Stuten und Fohlen die im Frühjahr und Sommer nährstoffreichen Weiden und die gesundheitsfördernde Wirkung der Sonne nutzen können.

Im Archiv des Haupt- und Landgestüts Marbach sind neben den Hengstregistern auch die alten Stutbücher verwahrt, die Aufschluß geben über die Stammstuten. Aus ihnen läßt sich der Stammbaum der Stute und die Zahl der Fohlen, die sie gebracht hat, ersehen und auch, was aus diesen Fohlen geworden ist.

No	Namen der Stuten, Geburtsjahr und Größe	Haar und Abzeichen	Race von		Ist bedeckt:	
			Vater	Mutter	in den Jahren	von dem Beschäler
95.	Friederike.	Dunkelbraun, 2	Faust	Carlotta	1901	Hindoo
	Februar 1898.				1902	Hugo Holsteiner
	Verkauft 21. 8. 1917 an Oekonomrat Gabriel in Kirchberg bei Sulz um 800 K.				1903	Julianus
					1904	Laudon
					1905	Laudon
					1906	Laudon
					1907	Laudon
					1908	Gambrinus
					1909	Floral
					1910	Floral
					1911	Floral
					1912	Floral
					1913	Carlo
					1914	Floral
					1915	Floral

Stammbaum.

Friederike.

Eigene Zucht.

Carlotta, Lezzg. N. 25. • Faust, Anglonorm. N. 2.

Orchis, Lezzg. Comet, Lezzg. Kirtnine. Valere (v. Voltaire)

Hercules, Cornelius Lezzg.

davon sind gefallen		Haar, Abzeichen und Namen der Fohlen	Zufälle und weitere Bestimmung der Fohlen.
Hengste	Stuten		
	4. IV. 1902	Schwarzbr. Stern, v. Schf. rechts Schn., f. r. gek. *Hindin.*	14. 6. 905 als Remonte verkauft
8. i. III. 1903		Rappe, v. l. gek., f. l. Hbgek. *Friedrich.*	1906 als Landbeschäler aufgestellt. Nr. 150. 1911 wieder abnt. stark.
–	7. X. 1904 fohlt.	Rappe, Stirnfleck bl. f. v. gek. bb. *Julinea*	Den 8. 4. 1907 an Schmied Leitenschmid von Dörflstetten um 390 verkauft
–	23. X. 1905.	Rappe, bl. Chr. *Laura* — Rappe, v.Schfl.Stern u. v. weißenStern f. l. weiße Fessel u. geflecktes Körnz.	Den 16. X. 09 wegen allgemeiner Schwäche getötet 1908 als Mutterstute aufgestellt 19. Brotest. chronische Nr. 172 bb. colorch.
	23. IX. 1906.	Rappe, v. abg. *Lara*	1909 als Mutterstute aufgestellt 1917 verkft. Nr. 180. Liesel.
2. 10. 1907.	–	Rappe, bl. Schn. *Frithjof.*	12. 3. 1910 kastriert Rem. 1910
30. 9. 1908.	–	Rappe, v. l. gek. Sattel 2. Fesseln gek. Hinterfuß *Fritz.*	1911 als Landbeschäler aufgestellt. Nr. 223. 1917 verkft. wieder stark.
–	13. 10. 1909.	braun, v. St. Schf. l. Hr. *Ida.*	1912 als Mutterstute aufgestellt. Nr. 212. 1916 verkft. Kriegsmobenahm.
galt.			
5. 5. 1911.	—	braun, Stern, bl. Hr. Fuß weiß *Frido.*	1914 als Landbeschäler aufgestellt. Kast. i. 3. 1130. Eingegangen an Darmverschling am 16. 4. 1930. Nr. 269
Am 22. 1. 12	verworfen		
galt	—		
–	11. 4. 14	Fuchs, St. Schn., 2 w. Vorfß. u. l. H. weiß Zwilling Fohlen d. andere Fohlt. *Carmen*	Getötet 22. 5. 14
30. 4. 1915	–	braun, ohne Abzg. *Florian*	Eingegangen 16. 10. 1915
–	. 22. 4. 16	ohne Namen	verendet 23. X. 16

Zweck der gestütseigenen Stutenherde ist, mit ihrer Hilfe Hengstfohlen für die Landespferdezucht zu erzeugen. Die Stutfohlen werden, je nach Bedarf, entweder verkauft oder in die eigene Stutenherde aufgenommen.

In den Monaten Februar bis Mai kommen die Fohlen zur Welt. Vier bis fünf Monate bleiben sie bei der Mutter und genießen in dieser Zeit Sonne und Weide, die ihrem Wachstum zugute kommen.

Mit der werdenden Reife lösen sich die Fohlen von selbst von der Mutter, um dann, wie der Fachmann es nennt, endgültig abgesetzt zu werden.

Aufmerksam wird der an die Koppel getretene Besucher gemustert. Wohl nirgendwo hat der Mensch so viele Gelegenheiten wie im Haupt- und Landgestüt Marbach, mit Pferden in Berührung zu kommen. 500 000 bis 600 000 Besucher jährlich erfreuen sich dieser Möglichkeit.

Immer wieder kommen Junghengste, Fohlen und Stuten an die Weidezäune und lassen sich streicheln oder das Fell kraulen. Andererseits bekommen hier junge Pferde auf natürliche Weise Kontakt zum Menschen.

Ein immer wieder schönes Bild in der Umgebung von Marbach. Friedlich grasende Stutenherden in der parkartigen Landschaft des Gestüts.

Linke Seite:
Deutlich ist der Fohlenflaum an diesem interessierten Araber-Stutfohlen zu erkennen. Dunkel geboren wird es später einmal das weiße Fell seiner Mutter haben.

Etwa 17 km vom Gestütshof Marbach entfernt liegt am Nordrand der Alb der Gestütshof St. Johann. Mit 450 Hektar Land ist er der größte der drei Gestütshöfe. Das alte Speichergebäude aus dem Jahre 1852 mit den beiden nach innen schauenden Pferdeköpfen steht in der Mitte der zahlreichen landwirtschaftlichen Gebäude mit dem dort befindlichen Hengststall.

Im Vorwerk „Fohlenhof" des Gestütshofes St. Johann wachsen die Stutfohlen auf.

Die alte Ahornallee führt zum Vorwerk „Fohlenhof" des Gestütshofes St. Johann.

Ein Bauwerk aus alter Zeit und von seltener architektonischer Schönheit ist der Jungrinderstall im Vorwerk Fohlenhof, angelegt von Herzog Karl um 1770.

Auch dies ist das Bild einer Marbacher Weide. Im sogenannten gemischten Weidebetrieb läßt man Rinder und Pferde zusammen auf die Weiden. Beide ergänzen sich in der Ausnutzung der großen Grünflächen.

Pferde sind Herdentiere. Genau wie die Junghengste werden auch die jungen Stuten in Herden gehalten. Während bei den jungen Hengsten auch aus der Landespferdezucht zugekaufte Tiere zu finden sind, gibt es bei den Stuten nur Nachwuchs aus der eigenen Stammstutenherde.

Rechte Seite:
Im Hintergrund das Wahrzeichen Alt-Württembergs: Die Ruine von Hohen-Urach.

Landläufig wird dem Hengst die größere Bedeutung bei der Vererbung zugemessen. Dies rührt wohl daher, daß der Hengst mehr Nachkommen zeugt als eine Stute. Tatsächlich jedoch sind die Erbanteile von Hengst und Stute gleich. Für die Erhaltung einer konstanten Zuchtlinie bilden durchgezüchtete Stutenfamilien die notwendige Grundlage. Grundlegende Änderungen der Zuchtrichtung, wie z. B. eine Veredelung der Rasse, wird allerdings durch die Hengste ermöglicht. Bevor die Stuten in die Zuchtstutenherde eingereiht werden, haben sie ähnlich wie die Hengste eine Leistungsprüfung abzulegen.

Marbach und seine Vollblut-Araber. Diese klugen und mit angeborenem Anstand ausgestatteten Pferde haben durch ihre Schönheit die ganze Welt erobert. Sie sind ein Ergebnis der Jahrtausende alten Züchtung des Orients. Seit der Zeit der Pharaonen dient das Araberpferd dem Menschen als Kriegs- und Reisepferd. Heute ist es ein Reitpferd für Jedermann, denn bei all seinem Temperament ist es dennoch ausgesprochen sanft und gehorsam.

Das Marbacher Gestüt ist das einzige staatliche Gestüt in Deutschland, das sich mit der Zucht von arabischen Vollblutpferden befaßt. Im Jahre 1932 übernahm es die Vollblut-Araberherde der Prinzessin zu Wied, der Tochter des letzten Königs von Württemberg. Das württembergische Königshaus hatte seit Anfang des 19. Jahrhunderts in Weil bei Esslingen ein weltbekanntes Araber-Gestüt und führte immer wieder Stuten und Hengste aus dem Orient ein. In der Reinzucht hatte dieses königliche Araber-Gestüt großen Erfolg. Der größte Teil dieser wertvollen Zuchtpferde wurde vom Land Württemberg übernommen und in das Haupt- und Landgestüt gestellt. Marbachs Araber- Pferde locken heute immer wieder Kenner und Liebhaber dieser Rasse aus allen Teilen der Welt an.

Der Vollblut-Araberhengst „Mali".

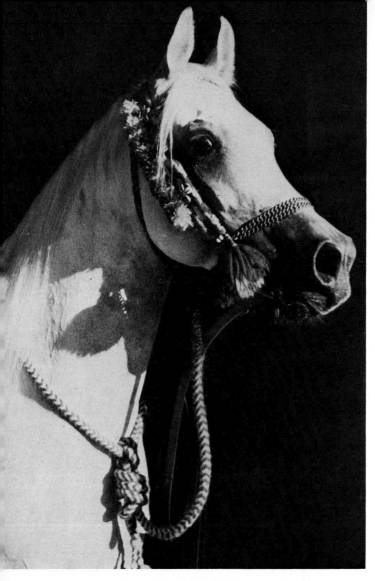

„Hadban Enzahi". Er war der berühmteste Vollblut-Araberhengst in Marbach. 1952 im ägyptischen Gestüt El Zahraa geboren, kam er 1955 in das Haupt- und Landgestüt. Er zeichnete sich durch seinen vollendeten Wüstenadel aus. In Deutschland war er wohl auch der meistfotografierte Araberhengst, dessen markanter Kopf immer wieder bestach. Nachkommen aus seiner Marbacher Zuchttätigkeit stehen heute in vier Erdteilen.

Das Araberpferd, Urbild eines Pferdes, vereinigt Schönheit, Kraft, Ausdauer und guten Charakter. Durch jahrtausendlange Selektion und den engen Umgang mit den Beduinen, mit denen es einst unter einem Dach zusammen lebte, ist es geprägt und dem Menschen besonders zugetan. Die Bedeutung der Vollblut-Araber liegt heute in ihrem Wert für die Blutauffrischung aller Pferderassen. Die Züchtung dieser Pferde in Marbach ist bald unerläßlich für die Erhaltung dieser besten und edelsten Pferderasse der

Ausdruckvoll auch der Kopf der Araberstute: Die kleinen Ohren, die leichte Innenwölbung der sogenannten Hechtnase zeichnen optisch das orientalische Vollblut aus.

Welt, da die eigentliche Quelle bei den Zelten der Beduinen in den Wüsten Arabiens zu versiegen droht. In den letzten Jahren sind wertvolle Marbacher Araber-Hengste und -Stuten in fast alle Teile der Welt und an alle europäischen Länder abgegeben worden. Das Land Baden-Württemberg darf mit Recht stolz sein auf seine Araberzucht.

Gebet eines Züchters.
St. Georg, heiliger Reitersmann,
Fürspruch der Hengste und der Stuten,
ich flehe dich von Herzen an,
hilf du auch mir zum Guten.
Mein Blut stockt mir vor Angst schon klamm,
so sei mein Sorgen Dir empfohlen,
der Stute aus dem alten Stamm
schenk doch ein bestes Fohlen.
                              Lehmann

Der Stall der Araberpferde ist im Gestütshof Marbach. Die Hengste sieht man mehr in ihrem Stall, während die Stuten neben ihrem Laufstall die Weide haben, auf der sie ihren täglichen Auslauf finden.

Folgende Doppelseite:
Adel und Temperament zeichnen ihn aus: Der 1965 im ägyptischen Staatsgestüt El Zahraa geborene Hengst „Gharib". 1970 wurde der Hengst mit der für Araber seltenen Rappfarbe vom Haupt- und Landgestüt Marbach importiert.

Am Geruch erkennt das Fohlen seine Mutter.

Aufmerksamkeit, Intelligenz, Mut und Härte zeigen sich schon im Gesicht des Araber-Fohlens.

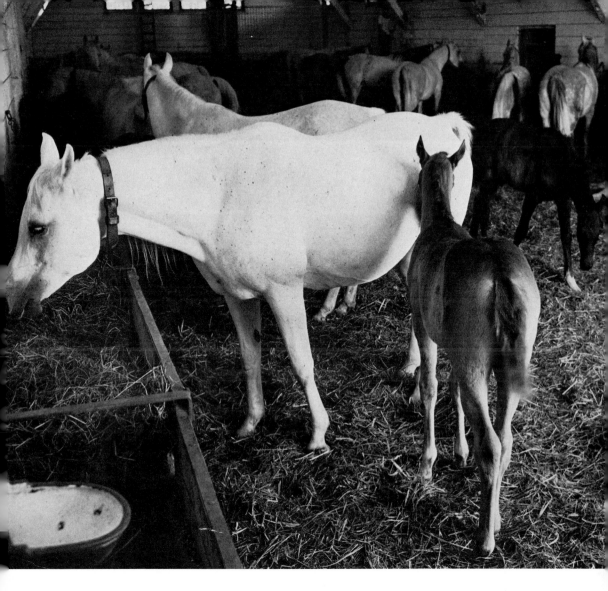

Wie die Warmblutstuten gehen auch die Vollblut-Araberstuten mit ihren Fohlen zur Hauptfütterung in den Laufstall. Nur zum Füttern werden sie dabei angebunden.

Folgende Doppelseite:
Seit über 40 Jahren sind die Vollblut-Araber auf den Höhen der Schwäbischen Alb heimisch. Diese edlen Pferde, die sich hier voll akklimatisiert haben, tummeln sich heute neben den württembergischen Warmblutpferden auf den großen Weiden rings um das Gestüt Marbach, über die in vielen Monaten des Jahres ein rauher Höhenwind fegt.

Marbacher Araber-Stuten, alles mehrfache Mütter, in der ungarischen Anspannung. Auch die Araber-Stuten müssen ihre Leistungsbereitschaft im Geschirr oder unter dem Sattel beweisen.

Folgende Seite:
Gute Weiden, klare und gesunde Luft, viele Möglichkeiten, Beine, Herz und Lunge zu stärken, sind die Grundlagen für eine gute Pferdezucht.

Ein Dokument der Schönheit. Der Vollblut-Araberhengst „Saher" ist in der Zucht hoch bewährt. Er war Sieger auf nationalen und internationalen Araberpferdeschauen. Adel, Aussehen und besonders gutartiger Charakter des 1967 von „Ghazal" aus der „Sahmet" geborenen Hengstes kommen hier zum Ausdruck.

Zeittafel

1240	Marp(p)ach wird erstmals als Pfarrei genannt.
1477–1480	Graveneck mit Lehen Marbach wird von Graf Eberhard V. angekauft.
1480	Marbach kommt durch Schenkung an das Kloster St. Maria Gnadenzell (das heutige Offenhausen).
1491	Gründung eines Hofgestüts im Oberfeld bei Marbach.
1496–1498	Rückkauf des Lehens Marbach durch Herzog Eberhard II.
1550–1552	Neuaufbau von Marbach als Hofgestüt und Landgestüt unter Herzog Christoph. Das Gestüt Oberfeld wird nach Marbach verlegt.
1554	Erste Nennung des Gestüts und eines Stutenknechts im Lagerbuch von Münsingen.
1573	Marbach erhält die Funktion eines Hof- und Landgestüts.
1590	Errichtung einer Maultierzucht in Offenhausen.
1618–1624	Zufuhr von Berbern, Andalusiern und englischen Pferden.
1632	Flucht des Gestüts nach Ulm und Zerstörung des Gestütshofs.
1674–1677	Einfuhr von ostfriesischen Pferden.
1687	Nach Ausbau des Landgestüts erste Beschälordnung.
1707	Ankauf von Hengsten in Hannover und Holstein.
1734–1735	Einfuhr von ungarischen Stuten.
1768	Zufuhr von Pferden aus der Marsch.
1795–1796	Ankauf von Mecklenburgern, englischem Halbblut und Normännern.
1811–1815	Zukauf von mecklenburger und westfälischen Hengsten sowie von Stuten aus Siebenbürgen.
1817	Trennung von Hof- und Landgestüt. Verlegung des Hofgestüts nach Weil. Dem Landgestüt werden die Gestütshöfe Marbach, Offenhausen, St. Johann und Güterstein zugeteilt.
1823–1839	Ankauf von ungarisch-böhmischen Pferden.
1840–1863	Einfuhr von englischen Pferden (Cleveland Brown, Yorkshire, Clydesdale) sowie von Mecklenburgern, Oldenburgern und Hannoveranern.
1867–1888	Ankauf von Anglonormanner Hengsten und ostpreußischen Stuten.
1888–1896	Aufbau der württembergischen Warmblutrasse mit Anglonormanner Hengsten, Marbacher und ostpreußischen Stuten. Der Anglonormanne „Faust" wird Stammvater der württembergischen Warmblutzucht.
1896–1950	Fortführung und Konsolidierung der Zucht eines Wirtschaftspferdes für die kleinbäuerlichen Verhältnisse auf dieser Grundlage. Einkreuzungsversuche mit engl. Vollblut, Holsteinern und Oldenburgern scheitern.
1932	Das berühmte Vollblut-Arabergestüt Weil, Privatgestüt des württembergischen Königshauses, wird abgegeben und nach Marbach verlegt.
1953	Nach Gründung des Südweststaates wird der Zuständigkeitsbereich des Landgestüts auf den Landesteil Baden ausgedehnt.
1954–1960	Erste Versuche zur Umzüchtung und Veredelung des württembergischen Bauernpferdes zum modernen Reitpferd.
1960	Der ostpreußische Hengst „Julmond" wird Hauptbeschäler. Damit wird die bisherige Landespferdezucht auf einen modernen Reitpferdetyp umgestellt.

Pferdebestand in Marbach

Hengste:	Warmblut	74
	Arabisches Vollblut (ox)	6
	Englisches Vollblut (xx)	3
	Kaltblut	10
	Haflinger	2
	Junghengste (Warmblut)	14
Stuten:	Warmblut	43
	Arabisches Vollblut (ox)	22
	Jungstuten (Warmblut)	9
	Jungstuten (arab. Vollblut)	4
Fohlen: (aus drei Jahrgängen)	Hengstfohlen (Warmblut und Vollblutaraber incl. angekaufte Fohlen)	117
	Stutfohlen (Warmblut- und Vollblutaraber)	71
Reitschulpferde		16
	Gesamtbestand	391

Diesen Bildband fotografierte
Sally Anne Tompson, London

Weitere Bilder stammen von
E. Briegel, Weingarten
Josef Ege, Bad Schussenried
Werner Ernst, Ganderkesee
Foto Holder, Urach
Thilo Haake, Tübingen
Herbert H. Weiss, Stuttgart
Wulf Weiß, Frankfurt

Die Stiche des vorderen und hinteren Vorsatzblattes,
die alte Kreidezeichnung mit dem Stutenbrunnen
sowie die Bilder auf den Seiten 58 und 59
stammen aus dem Archiv des
Haupt- und Landgestüt Marbach a. L.

4. Auflage 1984

Gesamtherstellung: Wiesbadener Graphische Betriebe GmbH, Wiesbaden
Printed in Germany
ISBN 3-7853-1360-8